Judith Groth &
Frederike Vidal

google carmina

D1698317

ALLES LIEBE
UND GUTE UND
GESUNDHEIT, LIEBE EVA!

WÜNSCHEN
Judith + Frederike

Berlin 2011

google carmina

*Gute Künstler kopieren,
große Künstler stehlen.*

Pablo Picasso (angeblich)

Wir machen beides.

Judith Groth & Frederike Vidal

27. Juli 2010, 15:29 Uhr

sollte ich
5   sollte ich **ihr interesse geweckt haben**
sollte ich **schluss machen test**
sollte ich **zum psychologen**
sollte ich **abnehmen**
sollte ich **mich rasieren**
10   sollte ich **studieren**
sollte ich **mich im intimbereich rasieren**
sollte ich **sterben und dich für eine weile zu-**
         rücklassen
sollte ich **einen psychologen aufsuchen**
sollte ich **mich bei ihm melden**
15

       Google-Suche   Auf gut Glück!

July 27, 2010, 3:01 pm

are there
5   are there **aliens**
are there **real vampires**
are there **tigers in africa**
are there **snakes in hawaii**
are there **snakes in ireland**
10 are there **any trillionaires**
are there **more earthquakes**
are there **polar bears in alaska**
are there **penguins in alaska**
are there **animals in heaven**
15

Google Search   I'm Feeling Lucky

28. Juli 2010, 14:30 Uhr

es gibt
5   es gibt **reis**
es gibt **wichtigere dinge im leben als mit dem
auto im kreis herumzufahren**
es gibt **kein richtiges leben im falschen**
es gibt **nichts gutes außer man tut es**
es gibt **kein bier auf hawaii**
10 es gibt **keinen gott**
es gibt **einen ausweg aus der jugendgewalt**
es gibt **nur ein rudi völler***
es gibt **nur ein gas vollgas**
es gibt **millionen von sternen**
15

        Google-Suche   Auf gut Glück!

---

* Fangesang, der die Einzigartigkeit des deutschen Fuß-
ballspielers Rudolf „Rudi" Völlers (*1960) preist.

27. Juli 2010, 15:26 Uhr

haben wir

5 haben wir **vollmond**

haben wir **eine trittleiter**

haben wir **einen freien willen**

haben wir **noch eine chance test**

haben wir **eine zukunft test**

10 haben wir **noch eine chance**

haben wir **eine deflation**

haben wir **eine chance**

haben wir **eine chance gegen england**

haben wir **eine beziehung**

15

　　　　Google-Suche　　　Auf gut Glück!

September 9, 2010, 12:27 am

is there
5   is there **a god**
is there **life on mars**
is there **mail today**
is there **life after death**
is there **a cure for herpes**
10   is there **a meteor shower tonight**
is there **an afterlife**
is there **a ghost lyrics**
is there **anybody out there**
is there **mail on july 5th 2010**
15

      Google Search   I'm Feeling Lucky

November 16, 2010, 9:48 am

is mankind
5 is mankind **good or evil**
is mankind **singular or plural**
is mankind **capitalized**
is mankind **good**
is mankind **sexist**
10 is mankind **doomed**
is mankind **to blame for global warming**
is mankind **dangerously harming the environme**
is mankind **responsible for global warming**

Google Search   I'm Feeling Lucky

16. November 2010, 21:49 Uhr

ist der mensch
5   ist der mensch **ein tier**
ist der mensch **frei**
ist der mensch **gut oder böse**
ist der mensch **von natur aus religiös**
ist der mensch **ein säugetier**
10 ist der mensch **ein fleischfresser**
ist der mensch **böse**
ist der mensch **erziehungsbedürftig**
ist der mensch **monogam**
ist der mensch **schlecht**
15

　　　　Google-Suche　　　Auf gut Glück!

July 27, 2010, 3:23 pm

should i
5   should i **buy an ipad**
should i **refinance**
should i **stay or should** i **go lyrics**
should i **buy bp stock**
should i **refinance my mortgage**
10   should i **get bangs**
should i **get married**
should i **call him**
should i **go to law school**
should i **get a divorce**
15

     Google Search   I'm Feeling Lucky

8. September 2010, 2:24 Uhr

ich will nicht
ich will nicht **mehr leben**
ich will nicht **mehr**
ich will nicht **dass ihr weint**
ich will nicht **stillen**
ich will nicht **arbeiten**
ich will nicht **mehr arbeiten**
ich will nicht **sterben**
ich will nicht **mehr rauchen**
ich will nicht **gehen**
ich will nicht **schwul sein**

Google-Suche   Auf gut Glück!

27. Juli 2010, 15:35 Uhr

ich hasse
5   ich hasse **dich**
ich hasse **mein leben**
ich hasse **dich sprüche**
ich hasse **mich**
ich hasse **meine mutter**
10 ich hasse **laura**
ich hasse **menschen**
ich hasse **türken**
ich hasse **meine eltern**
ich hasse **dich verlass mich nicht**
15

        Google-Suche   Auf gut Glück!

27. Juli 2010, 15:37 Uhr

warum hassen
5   warum hassen **mich alle**
warum hassen **türken deutsche**
warum hassen **menschen**
warum hassen **katzen wasser**
warum hassen **deutsche holländer**
10 warum hassen **sich mehrzad* und menowin****
warum hassen **die deutschen die italiener**
warum hassen **engländer deutsche**
warum hassen **die engländer die deutschen**
warum hassen **kurden türken**
15

Google-Suche   Auf gut Glück!

*   Mehrzad Marashi (*1980), Gewinner der 7. Staffel der
Fernsehsendung „Deutschland sucht den Superstar".
**   Hasso Menowin Fröhlich (*1987), zweiter Finalist in
oben genannter Sendung.

16. November 2010, 21:37 Uhr

was soll ich
5   was soll ich **studieren**
was soll ich **werden**
was soll ich **kochen**
was soll ich **essen**
was soll ich **studieren test**
10   was soll ich **machen**
was soll ich **tun**
was soll ich **heute kochen**
was soll ich **heute essen**
was soll ich **studieren test kostenlos**
15

        Google-Suche   Auf gut Glück!

16. November 2010, 21:10 Uhr

wie ist das
5   wie ist das **erste mal**
wie ist das **wetter in mallorca**
wie ist das **wetter in der türkei**
wie ist das **wetter am gardersee**
wie ist das **universum entstanden**
10 wie ist das **wetter englisch**
wie ist das **wetter in italien**
wie ist das **wetter in rom**
wie ist das **internet entstanden**

Google-Suche   Auf gut Glück!

16. November 2010, 21:03 Uhr

wer bekommt
5   wer bekommt **wohngeld**
wer bekommt **bafög**
wer bekommt **hartz 4**
wer bekommt **kindergeld**
wer bekommt **elterngeld**
10 wer bekommt **sozialhilfe**
wer bekommt **hartz iv**
wer bekommt **kindergeldzuschlag**
wer bekommt **bab**
wer bekommt **mietzuschuss**
15

      Google-Suche   Auf gut Glück!

November 16, 2010, 8:42 pm

germans and
5 germans and **beer**
germans and **jews**
germans and **turks**
germans and **religion**
germans and **russians**
10 germans and **italians**
germans and **indians**
germans and **blacks**
germans and **muslims**
germans and **discrimination**
15

Google Search   I'm Feeling Lucky

27. Juli 2010, 14:09 Uhr

wer sagte
5 wer sagte **der ball ist rund**
wer sagte **der staat bin ich**
wer sagte **den ersten satz bei gzsz***
wer sagte **was**
wer sagte **die politik sei die kunst des möglichen**
10 wer sagte **mailand oder madrid hauptsache italie**
wer sagte **den satz der ball ist rund**
wer sagte **die erde ist rund**
wer sagte **die mauer muss weg**
wer sagte **i have a dream**
15

      Google-Suche   Auf gut Glück!

* gzsz = „Gute Zeiten, schlechte Zeiten", eine seit 1992 vom Privatsender RTL ausgestrahlte Seifenoper.

8. September 2010, 2:28 Uhr

deutschland ist kein
5   deutschland ist kein **einwanderungsland**
deutschland ist kein **staat**
deutschland ist keine **demokratie**
deutschland ist kein **rechtsstaat**
deutschland ist kein **souveräner staat**
10 deutschland ist kein **grund zum feiern**

Google Suche   Auf gut Glück!

September 27, 2010, 2:25 pm

are europeans
5   are europeans **racist**
are europeans **white**
are europeans **lazy**
are europeans **smarter than americans**
are europeans **healthier than americans**
10   are europeans **caucasian**
are europeans **taller than americans**
are europeans **smarter**
are europeans **neanderthals**
are europeans **happier than americans**
15

      Google Search   I'm Feeling Lucky

7. Oktober 2010, 19:45 Uhr

amerikaner sind
5   amerikaner sind **dumm**
amerikaner sind **fett**
amerikaner sind **schweine**
amerikaner sind **europäer**
amerikaner sind **arrogant**
10
Google-Suche   Auf gut Glück!

September 8, 2010, 2:20 am

will i ever be
5   will i ever be **good enough**
will i ever be **happy**
will i ever be **loved**
will i ever be **rich**
will i ever be **famous**
10   will i ever be **good enough quotes**
will i ever be **thin**
will i ever be **pregnant**
will i ever be **married**
will i ever be **happy quiz**

15

       Google Search   I'm Feeling Lucky

28. November 2010, 15:24 Uhr

wer war
wer war **thor steinar**
wer wars
wer war **jesus**
wer war **martin luther**
wer war **konfuzius**
wer war **ich im früheren leben**
wer war **napoleon**
wer war **ich**
wer war **der ertste staatsvorsitzende der ddr**

Google-Suche   Auf gut Glück!

8. September 2010, 2:07 Uhr

hat man
5 hat man**uel neuer eine freundin**
hat man **jeden monat einen eisprung**
hat man**uel neuer* ein kind**
hat man**uel neuer eine freundin 2010**
hat man **früher schon mal gelebt**
10 hat man**uel neuer geschwister**
hat man **bei brustkrebs schmerzen**
hat man **immer einen eisprung**
hat man **immer lusttropfen**

Google-Suche   Auf gut Glück!

*   Mauel Neuer (*1986), seit Mai 2010 Torhüter der
deutschen Fußball-Nationalmanschaft der Herren.

16. November 2010, 21:42 Uhr

hatte hitler
5 hatte hitler **nur ein ei**
hatte hitler **einen sohn**
hatte hitler **ein kind**
hatte hitler **parkinson**
hatte hitler **geschwister**
10 hatte hitler **blaue augen**
hatte hitler **jüdische vorfahren**
hatte hitler **doppelgänger**
hatte hitler **jüdische wurzeln**
hatte hitler **einen führerschein**
15

Google-Suche   Auf gut Glück!

7. Oktober 2010, 19:43 Uhr

darf mein
5   darf mein **chef mich anschreien**
darf mein **vermieter in meine wohnung**
darf mein **hund bellen**
darf mein **baby auf dem bauch schlafen**
darf mein **hund milch trinken**
10 darf mein **vermieter einen schlüssel haben**
darf mein **hund melone essen**
darf mein **hund erdbeeren essen**
darf mein **chef mich überwachen**
darf mein **vermieter meinen müll durchsuchen**
15

        Google-Suche   Auf gut Glück!

October 7, 2010, 7:41 pm

my boss is
my boss is **an idiot**
my boss is **a bully**
my boss is **a jerk**
my boss is **a jewish carpenter**
my boss is **picking on me**
my boss is **a liar**
my boss is **a douchebag**
my boss is **a control freak**
my boss is **a moron**
my boss is **trying to fire me**

Google Search   I'm Feeling Lucky

September 8, 2010, 2:00 am

do i have
5 do i have **bed bugs**
do i have **add**
do i have **ocd**
do i have **flash**
do i have **diabetes**
10 do i have **herpes**
do i have **hiv**
do i have **java**
do i have **lupus**
do i have **a warrant**

15

    Google Search   I'm Feeling Lucky

16. November 2010, 21:02 Uhr

ist es möglich
5 ist es möglich **rilke**
ist es möglich **englisch**
ist es möglich
ist es möglich **komma**
ist es möglich **ein lichtschwert zu bauen**
10 ist es möglich **französisch**
ist es möglich **in einer betriebsvereinbarung**
                    tarifliche löhne zu vereinbaren
ist es möglich **in johannesburg auch die züge zu**
                    benutzen oder ist das zu gefährlich
ist es möglich **auf englisch**
ist es möglich **synonym**
15

      Google-Suche   Auf gut Glück!

28. Juli 2010, 14:03 Uhr

können wir
5 können wir **das schaffen**
können wir **sie reizen**
können wir **die donnerkuppel überstehen**
können wir **uns ein kind leisten**
können wir **argentinien schlagen**
10 können wir **uns ein haus leisten**
können wir **noch weltmeister werden**
können wir **für unser kind auch im ausland**
            kindergeld erhalten
können wir **englisch**
können wir **ohne mond leben**
15

        Google-Suche   Auf gut Glück!

July 27, 2010, 3:25 pm

have we
5 have we **lost lyrics**
have we **been to the moon**
have we **been to mars**
have we **reached peak oil**
have we **really been to the moon**
10 have we **ever been to the moon**
have we **landed on mars**
have we **no rights**
have we **met before**
have we **ever seen an atom**

15

Google Search   I'm Feeling Lucky

27. Juli 2010, 15:04 Uhr

wird er
5   wird er **mich anrufen**
wird er **sich melden**
wird er **sich trennen**
wird er**ledigt**
wird er **sich melden orakel**
10 wird er **zurückkommen**
wird er **mich lieben**
wird er **sich von seiner frau trennen**
wird er **sich wieder melden**
wird er **mich heiraten test**
15

      Google-Suche   Auf gut Glück!

September 8, 2010, 2:03 am

will somebody
5   will somebody **kill me please**
will somebody **think of the children**
will somebody **wear me to the fair**
will somebody **please think of the children**
will somebody **please make a bacon latte**
10 will somebody **please stab paul pierce***
will somebody **kill me**

Google Search   I'm Feeling Lucky

* Paul Anthony Pierce (*1977), US-amerikanischer Ba-
sektballspieler bei den „Boston Celtics". Pierce wurde im
Jahr 2000 in einer Disko durch mehrere Messerstiche
lebensgefährlich verletzt. Fans der „New Jersey Nets" zeig-
ten während eines Saisonfinales Schilder mit genannter
Aufschrift.

27. Juli 2010, 15:37 Uhr

warum hat hitler
5 warum hat hitler **die türkei nicht angegriffen**
warum hat hitler **den krieg angefangen**
warum hat hitler **nicht die türkei angegriffen**
warum hat hitler **polen angegriffen**
warum hat hitler **den krieg verloren**
10 warum hat hitler **sich umgebracht**
warum hat hitler **die schweiz nicht angegriffen**
warum hat hitler **russland angegriffen**
warum hat hitler **selbstmord begangen**

Google-Suche   Auf gut Glück!

September 8, 2010, 1:55 am

why do
why do **dogs eat grass**
why do **cats purr**
why do **men cheat**
why do **we yawn**
why do **mosquito bites itch**
why do **dogs eat poop**
why do **people yawn**
why do **i sweat so much**
why do **we dream**
why do **you want to work here**

Google Search   I'm Feeling Lucky

16. November 2010, 21:34 Uhr

      möchten sie
      möchten sie **nur die webinhalte anzeigen die über**
               eine sichere verbindung übermittelt
5   **wurden**
      möchten sie **nur die webseiteninhalte anzeigen die**
               über eine sichere verbindung über-
               mittelt wurden
      möchten sie **dass das programm itunes.app eine**
               eingehende netzwerkverbindung
               akzeptiert
      möchten sie **diese datei ausführen**
      möchten sie **zulassen dass duch das folgende**
               programm änderungen an diesem
               computer
      möchten sie **zulassen das durch das folgende**
10   **programm**
      möchten sie **zulassen**
      möchten sie **wirklich zu dieser seite wechseln**
      möchten sie **diese datei öffnen oder speichern**
      möchten sie **überprüfen und reparieren**

15

          Google-Suche   Auf gut Glück!

16. November 2010, 21:25 Uhr

wollte hitler
5   wollte hitler **den krieg**
wollte hitler **frieden**

      Google-Suche   Auf gut Glück!

August 29, 2010, 4:40 pm

why did the
5   why did the **chicken cross the road**
why did the **cold war end**
why did the **oil spill*** **happen**
why did the **roman empire fall**
why did the **north win** the **civil war**
10   why did the **cold war start**
why did the **renaissance began in italy**
why did the **civil war start**
why did the **articles of confederation fail**
why did the **vietnam war start**
15

Google Search   I'm Feeling Lucky

* Gemeint ist hier die Ölpest im Golf von Mexiko, die durch eine Explosion auf der BP-Bohrinsel „Deep Water Horizon" am 20. April 2010 ausgelöst wurde und die bislang größte maritime Umweltkatastrophe darstellt (Stand: Juli 2011). Vgl. S. 12.

27. Juli 2010, 15:31 Uhr

muss ich
5   muss ich **gez zahlen**
    muss ich **eine steuererklärung machen**
    muss ich **grünen spargel schälen**
    muss ich **haben**
    muss ich **mich arbeitslos melden**
10 muss ich **mich ummelden**
    muss ich **abnehmen**
    muss ich **beim auszug streichen**
    muss ich **unterhalt zahlen**
    muss ich **überstunden machen**
15

        Google-Suche   Auf gut Glück!

27. Juli 2010, 15:01 Uhr

gibt es
gibt es **geister**
gibt es **vampire**
gibt es **gott**
gibt es **aliens**
gibt es **dich**
gibt es **ein leben nach dem tod**
gibt es **den mann im mond**
gibt es **vampire wirklich**
gibt es **dich songtext**
gibt es **engel**

Google-Suche   Auf gut Glück!

November 28, 2010, 3:06 pm

when was
5   when was **the constitution written**
when was **the internet invented**
when was **the bible written**
when was **jesus born**
when was **the great depression**
10   when was **facebook invented**
when was **slavery abolished**
when was **the constitution ratified**
when was **google created**

        Google Search   I'm Feeling Lucky

27. Juli 2010, 15:06 Uhr

hast du
5   hast du **brot**
hast du **töne**
hast du **ein problem geh weiter**
hast du **ein problem**
hast du **was bist du was**
10 hast du **recht**
hast du **was bist du was songtext**
hast du **gewusst**
hast du **n problem geh weiter**
hast du **mal ein problem lyrics**
15

     Google-Suche   Auf gut Glück!

October 7, 2010, 3:28 pm

why are
5 why are **people saying i like it on facebook**
why are **me**
why are **ferrets illegal in california**
why are **yawns contagious**
why are **flamingos pink**
10 why are **you closed**
why are **we here**
why are **women like parking spaces**
why are **barns red**
why are **the kardashians* famous**
15

      Google Search   I'm Feeling Lucky

---

* Die Familie Kardashian ist seit 2007 Gegenstand der amerikanischen Reality-Fernsehserie „Keeping up with the Kardashians".

July 27, 2010, 1:46 pm

who said
5 who said **it quotes**
who said **it**
who said **drill baby drill**
who said **lyrics**
who said **nothing in life is free**
10 who said **let them eat cake**
who said **knowledge is power**
who said **i think therefore i am**
who said **no taxation without representation**
who said **know thyself**
15

Google Search   I'm Feeling Lucky

October 7, 2010, 7:38 pm

what if the
5 what if the **tea party*** **was black**
what if the **movie**
what if the**re was no google**
what if the **south won the civil war**
what if the **nba was like the world cup**
10 what if the **tea party were black**
what if the**re was no moon**
what if the **sky comes crashing down**
what if the **earth stopped spinning**
what if the **condom breaks**
15

  Google Search   I'm Feeling Lucky

* Das „tea-party-movement" ist eine ultra-konservative, politische Bewegung in den USA, die sich ca. im Jahre 2007 formierte und über eine lockere Organisationsstruktur verfügt. Der Anteil der Nicht-Weißen AnhängerInnen der Bewegung wird auf weniger als 10% geschätzt.

8. September 2010, 2:27 Uhr

frau ist
5 frau ist **schlau**
frau ist **ein roboter**
frau ist **mobil**
frau ist **alkoholikerin**
frau ist **faul**
10 frau ist **unzufrieden**
frau ist **zu eng**
frau ist **stärker**
frau ist **lustlos**
frau ist **frigide**
15

Google-Suche   Auf gut Glück!

September 8, 2010, 2:44 am

am i
5   am i **pregnant**
     am i **fat**
     am i **pregnant quiz**
     am i **depressed**
     am i **pretty**
10   am i **in love**
     am i **overweight**
     am i **bipolar**
     am i **ugly**
     am i **blocked**
15

          Google Search   I'm Feeling Lucky

October 7, 2010, 7:37 pm

poetry is
poetry is
poetry is **dead**
poetry is **not a luxury**
poetry is **like**
poetry is **not a project**
poetry is**land**
poetry is **a destructive force**
poetry is **what gets lost in translation**
poetry is **a hoax**
poetry is **for fairies**

       Google Search   I'm Feeling Lucky

16. November 2010, 21:22 Uhr

dichter sind
5   dichter sind **die anderen auch nicht**

      Google Suche   Auf gut Glück!

Nachwort

„Sobald Sie bei der Google Websuche einen Begriff in das Suchfeld eingeben, werden Ihnen durch den Google-Algorithmus für die automatische Vervollständigung Suchanfragen angeboten, die Ihrem aktuellen Suchbegriff ähneln. {...} Diese Suchanfragen werden algorithmisch anhand einer Reihe objektiver Faktoren automatisch berechnet. Zu diesen Faktoren zählt zum Beispiel die Beliebtheit der Suchbegriffe. Alle angezeigten vervollständigten Suchanfragen wurden zuvor von anderen Google-Nutzern eingegeben. {...} Wir möchten Ihnen möglichst relevante Suchanfragen anbieten, schließen jedoch Begriffe aus, die z.B. aus den Kategorien Pornografie, Gewalt und Volksverhetzung stammen."[1]

„Übereinstimmende Statistiken zeigen mit Marktanteilen von mehr als 80 Prozent aller weltweiten Suchanfragen Google als Marktführer unter den Internet-Suchmaschinen."[2]

---

1 http://www.google.de/support/websearch/binanswerpy?hl=de&answer=106230. Abgerufen am 1.8.2011. Vgl. S. 23, „amerikaner sind" und S. 14, „ich hasse".

2 http://de.wikipedia.org/wiki/Google. Abgerufen am 1.8.2011.

„It has been estimated that Google runs over one million servers in data centers around the world, and processes over one billion search requests and about twenty-four petabytes of user-generated data every day."[3]

Diese Dichtung ist auf elektronisch generiertem Wege entstanden. Sie hält fest, was die Nutzerinnen und Nutzer von Google, in diesem Fall in Deutschland und in den USA, umtreibt. Da gibt es
- Fragen des alltäglichen Lebens („haben wir eine trittleiter"),
- blöde Fragen („are europeans smarter"),
- gute Fragen („haben wir eine trittleiter"),
- philosophische oder politische Fragen („haben wir einen freien willen"/ „is mankind dangerously harming the environment"),
- Neugier oder Experimentierfreudigkeit („darf mein hund melone essen"),
- Vergesslichkeit („have we been to mars"),
- Angst vorm Versagen oder vor Unzulänglichkeit („sollte ich mich im intimbereich rasieren"),
- Liebe und Liebeskummer („should i get a divorce"),
kurz, sowohl Banales als auch Existenzielles und das immer gleich neben einander.

3   http://en.wikipedia.org/wiki/Google. Abgerufen am 1. 8. 2011.

Wir haben die hier versammelten Texte auf Papier gebannt, damit sie nicht dem Vergessen anheim fallen, denn Papier ist geduldiger als Elektrotechnik und außerdem erinnert sich kaum ein Mensch noch gen Abend was er gen Morgen gegoogelt hat. Ausser unseren beiden Freunden A und B (Namen von der Redaktion geändert), wenn auch nur an einem bestimmten Tag:

Als nämlich durch eine Unachtsamkeit eines Tages der Gasherd besagter Freunde lichterloh in Flammen stand, rief A, dessen in die Küche kommend Gewahr geworden, B zur Hilfe.

A: „Der Gasherd brennt!"

B in die Küche stürzend: „Ach du Scheiße!"

A: „Was sollen wir machen?! Wasser hilft doch nicht, ist ja Gas, das brennt!"

Person B darauf: „Warte – ich google das!"

Judith Groth & Frederike Vidal
Berlin, im August 2011

Judith Groth& Frederike Vidal
Google Carmina
Gestaltung & Lithografie: J. Groth & F. Vidal
Druck/Gesamtherstellung: Fegers Druck & Verlag, Nettetal
Printed in the EU.

Revolver Publishing

Immanuelkirchstr. 12
D – 10405 Berlin
Tel.: +49 (0)30 616 092 36
Fax: +49 (0)30 616 092 38
info@revolver-publishing.com
www.revolver-pulishing.com

ISBN 978-3-86895- 185 - 1